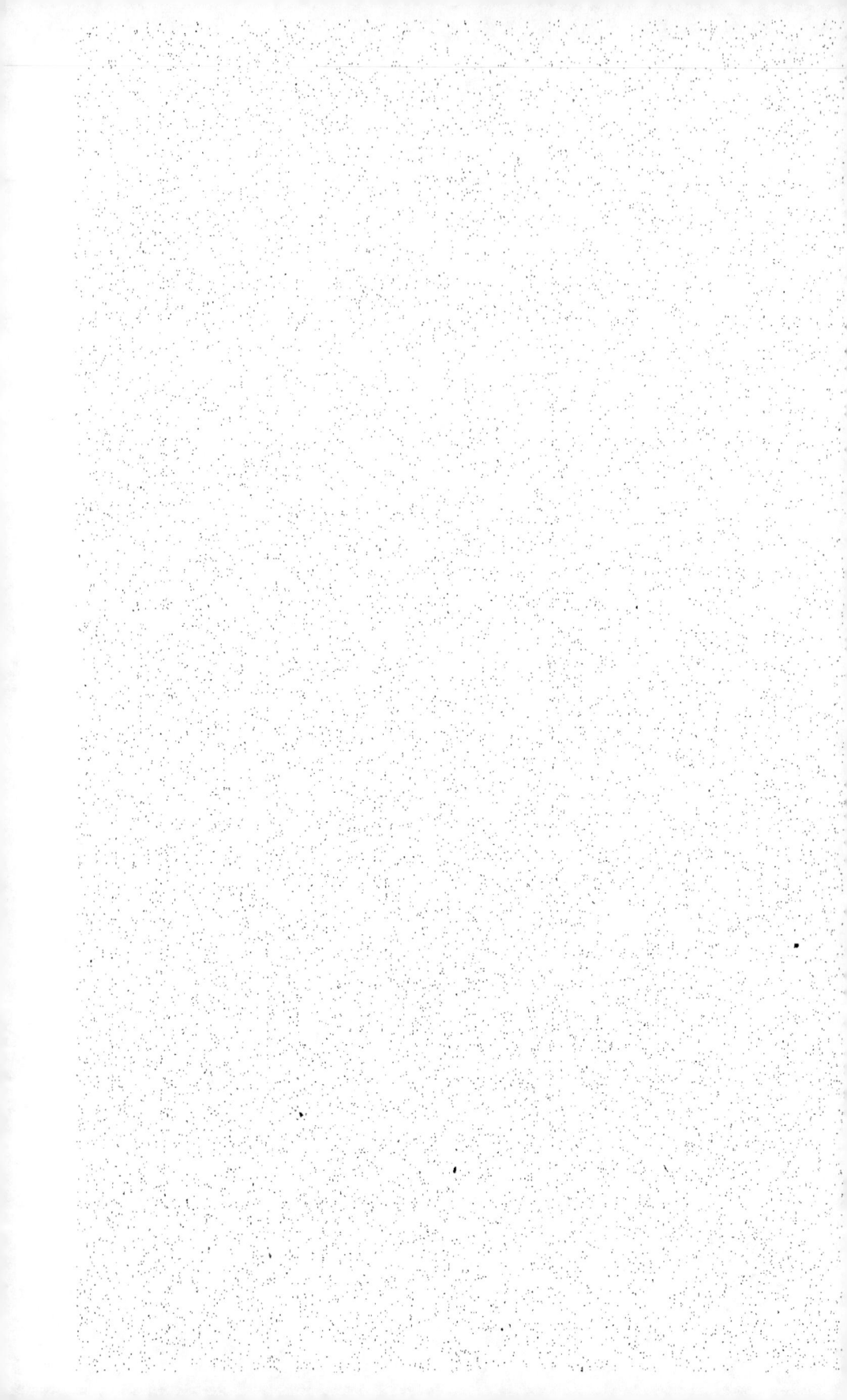

ÉLIZE

DANS LES BOIS.

ÉLIZE

DANS LES BOIS,

FAIT HISTORIQUE

DU 14 THERMIDOR,

COMÉDIE

EN UN ACTE, ET EN PROSE,

PAR SÉGUR le jeune.

Représentée à Paris sur le théâtre de la Citoyenne Montansier, par les Artistes du théâtre de la Cité.

A PARIS,

Chez HUET, Éditeur de Pièces de Théâtre et de Musique, rue Vivienne, N.º 8.

An 5, 1797.

PERSONNAGES.   ACTEURS,

ÉLIZE, femme de Dervil.

DERVIL.

NICE, fille de Raimond.

RAIMOND, Garde-bois.

PICARD, ancien domestique
   de Dervil et Officier Municipal.

LANDRY.

ALEXIS, fils d'Elize.

UN OFFICIER.

MORIN, Paysan.

DES SOLDATS.

ROGER, DENIS, Complices
   de Landri.

ÉLIZE
DANS LES BOIS,
COMÉDIE.

La Scène est dans un lieu sauvage. On voit une cabanne appartenant à Raimond, adossée à une forêt et sur une coline. Sur le devant du théâtre, à droite, est une masse de buissons, dans laquelle on voit un tombeau élevé à la mémoire de Dervil. Tout le théâtre peint l'ensemble d'un lieu inculte, deux ou trois vieux arbres sont isolés sur la scène ; l'œil se perd dans les bruyères et les sables. On ne voit d'autre habitation que la cabane de Raimond.

SCÈNE PREMIÈRE.

PICARD *seul.*

ELLE n'a plus rien ; elle manque de tout. Que faire dans cette solitude ? A qui avoir recours ? Elize ! Elize ! ma pauvre maîtresse..... Nice ne revient pas. Ah ! je la vois ! Comme elle est fatiguée, la pauvre enfant !

SCÈNE II.

NICE, PICARD.

NICE.

Ah ! que je suis lasse ! j'ai tant couru !

PICARD.

Eh bien, Nice, ma bonne petite, m'apportes-tu....

NICE.

Hélas! non.... rien.

PICARD.

Rien! personne n'a voulu acheter cette montre?

NICE.

Personne; ils disent : ah! si elle étoit d'or.... plus petite.... l'autre plus grande; enfin que sais-je ? mille raisons. La voilà, on me l'a rendue.

PICARD.

Tu as été pourtant jusqu'à la ville?

NICE.

Sûrement; mais pour rien. Dites donc, M. Picard, pourquoi vendre cela? C'est beau, et puis utile.

PICARD.

J'ai besoin d'argent, ma chère Nice.

NICE.

Eh bien, il faut en gagner

PICARD.

J'en ai besoin tout de suite....

NICE.

Ah! si j'en avois!... Mais qu'est-ce donc qui vous manque?

PICARD.

Ah! ce n'est pas à moi....

NICE.

J'entends; je parie que c'est pour cette belle M.lle Elize qui a l'air si malheureuse avec son petit enfant..... Déjà sans vous.....

PICARD.

Tais-toi donc; il ne faut pas dire ça, je ne fais

que mon devoir. Je l'ai servie quinze ans dans sa
prospérité ; tant qu'elle fut riche, elle m'accabla de
biens...: puis-je l'oublier à présent qu'elle est malheureuse ?
Tiens, Nice, quand il ne me restera plus rien, mandier
pour elle ne me sera pas pénible : c'est un devoir si
sacré !

N I C E.

Ah ! je reconnois votre bon cœur. Dites-donc, c'est
donc vrai ce qu'elle contoit toute seule l'autre jour là,
au pied de cet arbre. — Elle a donc perdu son mari ?

P I C A R D.

Paix, paix ; comme tu sais que ses malheurs ont
un peu affecté sa tête, et troublé ses idées, souvent
elle dit ce qu'elle voudroit cacher.... c'est par ce moyen
que tu as appris.... mais sur-tout regarde cela comme
une chose confiée, songe qu'il y va de sa vie.

N I C E.

Dieu ! de sa vie ?.... vous me faites trembler. — Mais ;
dites-donc, expliquez-moi. Je sais si mal.... elle disoit
tout si peu clairement ! — Ah ! je me tairai. — Mon
père et moi, nous l'aimons tant !... elle vit dans notre
cabane ; pourrions-nous la trahir ?... Il est donc vrai
qu'on a tué son mari ?....

P I C A R D.

Hélas ! oui ; il étoit prisonnier, envoyé dans une ville
avec beaucoup d'autres.

I C E.

Eh bien....

P I C A R D.

Proscrits par des monstres, comme on les voyoit
innocens, qu'on ne pouvoit pas les juger, ils les ont fait
massacrer.

A 4

N I C E.

Ciel !

P I C A R D.

Ce n'étoit pas assez, pour ma malheureuse maîtresse ,
d'avoir perdu tous ses parens sur l'échafaud.... il falloit
encore qu'elle vît périr son mari par la mort la plus
cruelle...

N I C E.

Ah! mon dieu, tout mon sang se glace, M. Picard :
cela ne se peut pas ; des hommes en égorger d'autres !
Vous reverrez celui que vous pleurez ; on vous a
trompé.

P I C A R D.

Hélas! ma chère , ce malheur n'est que trop réel ;
ta bonne ame jeune, innocente, sensible, ne peut
concevoir les horreurs ; — nous-mêmes, pourrions-
nous croire celles dont nous avons été témoins ? — J'ai
perdu Dervil, mon pauvre maître; — l'homme le plus
humain, sa femme, infortunée, a été enlevée aux
proscriptions, aux assassins qui la poursuivoient, par
un ami qui l'a mis dans cet asile désert, ignoré de tout
le monde ; elle y est avec son enfant, sous un nom
supposé.... A peine ai-je appris ce malheur, que j'ai
fait l'impossible pour la découvrir ; j'y suis parvenue
après deux mois de recherches : je me suis logé dans
un village à une lieue d'ici. Tu sais que c'est le lieu
habité le plus près de la cabane de ton père ; je
viens deux fois par jour soigner ma pauvre maîtresse ;
elle n'a pas perdu la raison, mais elle craint sans cesse
de la perdre; ce qui est un état affreux.... Sa mémoire
est sensiblement affoiblie; par exemple, moi, elle me
reconnoît , sans trop se rappeler qui je suis.

NICE.

Laissez-moi pleurer un moment, je suffoque.... attendes
que je vous embrasse....... je m'en sens le besoin....
Dites encore ce qu'il y a là sous les ronces.... c'est
comme un tombeau.... Hier Mme Élize ne me voyoit
pas, je la regardois , elle y étoit toute en pleurs.

PICARD.

Quoi ! tu l'as vue ? Garde-toi bien de jamais dire
un mot !... écoute la nuit. Quand cet ami si bon amena
Élize dans ces lieux pour la soustraire à la mort , il
voulut se donner, ainsi qu'à elle, la triste consolation
d'élever un tombeau à son époux infortuné ; il plaça
cette pierre sous ces ronces, pendant qu'elle étoit affaissée
par la fatigue et les larmes. Ce respectable ami consacra
ces cours instans à ce pieux devoir... A son réveil,
elle ne trouva, au lieu de lui, que ce triste souvenir,
qui seul lui fait supporter la vie.... Avec l'aide de son
fils Alexis , elle a élevé , près de cette pierre, un
monument de gazon à son malheureux père.

NICE.

Quoi ? là ! Aussi, sans savoir ce que c'étoit, je
tremblois toujours en m'en approchant.

PICARD.

Voilà Raimond, voilà ton père; va, ma petite, ne
lui parle pas de la montre.

NICE.

Ah ! n'ayez pas peur. Adieu ; je n'y vois plus,
plus du tout, tant je pleure.

(Elle sort.)

SCÈNE II.

PICARD, RAYMOND, *un fusil sur l'épaule.*

RAYMOND.

Bon jour, Picard ; je vais au bois.

PICARD.

Bon jour, Raymond, bon jour.

RAYMOND.

Ah ! dites - moi donc un peu : voilà nos provisions pour Élize qui finissent ; je n'ai rien ; il faut envoyer Nico à la ville ; notre pain est bien dur pour cette femme et son enfant.... J'allois lui demander de l'argent ; mais elle dormoit, et le sommeil est si bon, si rare pour les malheureux, il est respectable.... D'ailleurs, vous le dirai-je, c'est que j'ai peur qu'elle n'en ait plus d'argent.... je ne sais ce qu'est devenu cet homme qui m'en apportoit pour elle.

PICARD.

Ah ! ne lui en demandez pas ; je me chargerai, je verrai.

RAYMOND.

Mais promptement, car nous n'avons rien. — A propos, savez-vous ce que nous a dit un de nos chartiers qui conduit le bois à la ville, et qui en venoit... Il m'a dit : que le 10, il y a eu le diable à Paris... Ah ! ça a bien été, allez ; il y a une justice.

PICARD.

Oui, j'ai su cela ; mais ici, loin de la capitale, elle arrive plus lentement cette justice.

RAYMOND.

Elle viendra, morbleu; il faut que les assassins n'ayent pas d'asile, même dans nos forêts; ils n'en auront pas.... je m'en charge, moi... et puis, c'est le 10 que la révolution s'est faite; nous sommes au 15, il faut le tems que les bonnes loix arrivent.

PICARD.

J'en conviens; mais en attendant les scélérats agissent.

RAYMOND.

Oui, le mal, c'est la destruction; les hommes s'y entendent, ça va vite.... mais pour le bien, il y a là de la création; il faut que la providence s'en mêle, ou bien ça va doucement.

PICARD.

Vous dirai-je ce qui me désole, me tourmente?... Apprenez que ce scélérat qui est à la tête de la municipalité, dont votre cabane dépend, ce Landri enfin, étoit domestique d'Élize.

RAYMOND.

D'Élize?

PICARD.

Oui, d'Élize; il l'a servoit, il étoit mon camarade.

RAYMOND.

Comment la même main peut-elle vous avoir choisi tous deux?

PICARD.

Il fut comblé de bienfaits par ma maîtresse, par mon pauvre maître qui avoit fait fortune dans le commerce, et avoit des gens moins pour le servir, que pour les rendre riches, heureux... — Eh bien!... le croiriez-vous? le monstre le dénonça; il le fit arrêter: il est cause de sa mort.

RAYMOND.

Ah, l'infâme! Justice éternelle, tu le puniras!

PICARD.

Jugez de mon inquiétude de lui savoir tant de pouvoir si près d'ici.

RAYMOND.

Il ne l'aura pas long-tems...

PICARD.

Il ne faut qu'un instant...

RAYMOND.

Que peux-tu craindre pour Élize?

PICARD.

Tout... Je frissonne quand j'y pense, si ce monstre découvroit que la femme de Dervil est ici sous le nom d'Élize.

RAYMOND.

Eh bien! mon ami, nous la défendrions : ah! dans nos bois, on ne nous mène pas facilement ; nous avons du courage, et point de richesses à perdre ; avec cela, on est bien fort. Dailleurs, je le répète, d'après toutes les nouvelles, ce Landry n'aura pas le tems de faire du mal; il sera chassé, comme ceux qui lui ressemblent.

PICARD.

Que l'on se hâte donc de faire de bonnes loix, qui découragent à jamais les brigands.

RAYMOND.

Oui, et que les propriétaires les soutiennent, en soient l'organe... Moi, je n'ai que ma cabane : eh bien, je suis intéressé à l'ordre pour la conserver... L'homme sans asile, sans propriété, est tout le contraire... Tant mieux pour moi, dit-il, si on la renverse cette cabane, j'en aurai quelques débris, fût-ce pour me chauffer. — Les insensés! ils aiment mieux détruire, que d'acquérir honnêtement. Il faut leur résister... Vois-je un homme sans secours, entre, lui dis-je, la moitié de mon pain, de mon feu est à toi, c'est la loi de nature... Mais attends que je te l'offre, respecte ma propriété au nom de celle que tu peux acquérir; en un mot, secours à l'indigence, soutien à l'industrie; voilà le partage des pauvres, et le devoir des riches.

PICARD.

Quelle bonne morale! vous avez donc beaucoup réfléchi?...

RAYMOND.

Non, j'ai senti, cela vaut mieux; il n'en faut pas davantage pour être juste.—Adieu, Picard. Mais conçois-tu que je n'ai pas entendu parler depuis un mois de celui qui m'a confié Élize? Il faut qu'il lui soit arrivé quelque malheur. — C'est que si je la voyois prête à manquer tout-à-fait, je vendrois ma cabane, tout ce que j'ai; elle m'a inspiré tant d'intérêt! Pauvre femme! dans quel état je la vis quand on me l'amena la nuit... Elle étoit tout-à-fait folle; mais elle va mieux, sa tête est entièrement remise; elle n'a plus que cette crainte continuelle de retomber dans cet affreux état... elle est presque guérie.

PICARD.

Ah! pas encore tout-à-fait; souvent elle a des absences bien inquiétantes.

RAYMOND.

Pleurer sur cette pierre, lui a fait du bien et du mal. — Celui qui m'a confié cette infortunée tenoit bien à savoir l'instant où elle seroit guérie... Il dit qu'alors

il pourra lui apprendre des choses qui la calmeront ;
c'est peut-être pour ses biens... Ce n'étoit pas assez ,
dans ce régime de terreur, de verser tant de sang ;
on prenoit tout... Mais à présent on est juste, on rend
les choses mal acquises...

PICARD.

Il y a tout gain, car elles ne profitent jamais....

RAYMOND.

Adieu, mon ami... je vais à mon devoir. — Si tu
avois quelqu'inquiétude, tu connois ma tournée ordinaire ;
tu viendrois, tu m'appellerois... ah ! comme je volerois
au secours de notre chère Élize !   (*Il sort.*)

SCÈNE III.

PICARD *seul.*

Adieu, Raymond... Quel excellent homme !... Mais
voilà Élize, ma bonne maîtresse, avec Alexis son enfant ;
elle descend le coteau, peut-être vient-elle ici...

On voit Élize qui descend tristement le coteau ;
Alexis court devant, et cueille des fleurs. — Du côté
opposé, Landri et un autre homme paroissent ; ils
sont vus de Picard, et ne voient pas Élize, qui
paroît et disparoît tour-à-tour à travers les arbres.

Mais, quel est cet homme qui cherche, qui observe ?
ne me tromperai-je pas ? Non, c'est Landri, mon ancien
camarade, celui dont je parlois tout-à-l'heure à Raymond...
Le barbare ! s'il voit Élize, elle est perdue !... Il s'approche ; n'ayons pas l'air de l'éviter, peut-être pourrai-je
l'éloigner d'ici...

SCÈNE IV.

LANDRI, PICARD.

LANDRI *congédiant l'homme avec lequel il a paru.*

VA, et sur-tout occupe-toi des nouvelles... (*à part.*)
Je crois reconnoître Picard ! approchons... Ah! ah! c'est
toi, Picard ! tu habites ce canton ?...

PICARD.

Que vous importe ?

LANDRI.

Sans doute, tu viens de la ville prochaine ?

PICARD.

Peut-être.

LANDRI.

Quelques achats de bois peuvent t'attirer ici ?

PICARD.

Quest-ce que cela vous fait ? je ne vous questionne
pas moi.

LANDRI.

Et même tu ne me tutoies pas ?

PICARD.

Non, je ne tutoies que ce que j'aime, et je ne vous
aime pas.

LANDRI.

Par quel hasard te trouves-tu ici?

PICARD.

Et vous-même, qu'y venez-vous faire? Cherchez-vous
les assassins, les délateurs de Dervil ? Qu'avez-vous fait
de votre maître ?

C

LANDRI.

Mon maître ?

PICARD.

Oui, votre maître, ne payoit-il pas vos soins ?
N'avoit-il pas le droit de vous commander ? Qu'est-il
devenu ?

LANDRI.

Etois-je chargé de lui ?

PICARD.

Peut-être que trop !

LANDRI.

Laissons cela, je ne sais ce que tu veux dire:
As-tu quelques nouvelles de Paris ? on dit bien des
choses au moins.

PICARD.

Oui, oui bien des choses, et vous pourrez en
entendre pr 1er vant moi. — J'attends des nouvelles
tranquillement, comme vous voyez : — convenez que
dans ce moment ceux qui n'ont rien à se reprocher sont
bien calmes, bien heureux !

LANDRI.

Ah ! je ne sais pas s'il y a eu tant de coupables
qu'on l'a dit... peut-être quelques mesures forcées,
quelques excès !...

PICARD.

Quelques excès... trouvez-vous,... monstres ?

LANDRI.

Et puis il n'y a rien de bien sûr dans les nouvelles ;
il faut voir encore comment les choses tourneront. —
Au reste, moi, je n'ai rien à redouter ; je me suis
conduit de manière...

PICARD.

PICARD.

À mériter la récompense qui sûrement vous attend.

LANDRI.

Ah ! je l'espere !

PICARD.

Et moi aussi.

LANDRI.

Dis-moi : qu'est-ce que c'est qu'un conte qu'ils sont venus nous faire ? Ils prétendent qu'il y a une femme qui se cache dans cette cabane ?...

(à part.)   **PICARD.**

Ciel !... Mais j'en sors ; il me semble qu'il n'y a que le garde-bois et sa fille...

LANDRI.

Sa fille !... On m'avoit parlé d'un petit garçon...

PICARD.

Ils ont peut-être recueilli quelqu'orphelin ; ils sont si charitables !

LANDRI.

Ah, tant mieux ! je le dirai au comité. Mais tu parles de cela avec bien de l'intérêt !

PICARD.

Ah ! c'est qu'on dit que ceux qui habitent cette cabane sont de si honnêtes gens ; il seroit affieux de les tourmenter.

LANDRI.

Tu as l'air de le désirer vivement.

PICARD.

Le méchant homme !...

B

LANDRI.

Tout ceci me donne des soupçons. Sans aller moi-
même à cette cabane, restons dans les environs, et
faisons tout épier.... Adieu, Picard ; si tu sais des détails
de Paris, nous nous rencontrerons, et tu me diras ; car
tu sais, tu te souviens que peut-être j'ai pu te faire du
mal, et ne t'en ai point fait.

PICARD.

·Ecoutez ; je disois un jour à un homme chargé de
crimes, et qui, (peut-être par foiblesse étoit au moment
de les augmenter,) il est toujours tems d'écouter ses
remords ; la seule bonne action que l'on puisse attendre
d'un scélérat, c'est le repentir : —seul, il peut le sauver.
— Voilà ce que je lui disois.

LANDRI.

Adieu.   (*Il sort.*)

———————————

SCÈNE V.

PICARD *seul.*

(*Il regarde avec inquiétude où va Landri.*)

HEUREUSEMENT il ne va pas du côté de la cabane.....
Courons-y, et tâchons de prévenir ses desseins... Je vois
Élize qui s'approche, Landri ne l'aura pas apperçue :
je vais veiller sur elle ; et si ce monstre vouloit s'en
approcher.... la reconnoissance voleroit au secours de la
vertu.

SCÈNE VI.

ÉLIZE, ALEXIS.

Il a beaucoup de fleurs dans ses mains qu'il a cueillies au premier instant ou sa mère a paru.

ELIZE.

J'avais osé appercevoir quelqu'un en ce lieu ; je n'osois pas avancer ; apparemment je me suis trompée. Mes pauvres yeux sont si affoiblis par les larmes ! ils me trompent souvent.... Mais ma tête... ma tête, quand mes idées se confondent, se perdent, c'est là le supplice ! — Avoir perdu tout-à-fait la raison, ce n'est rien, on ne le sent pas au moins ; mais connoître son état, en voir, en trouver sans cesse la cause au fond de son cœur, c'est un tourment ! un tourment ! Je suis mieux cependant depuis quelque tems ; ces absences fatales s'éloignent. — O mon dieu ! je te prie, ce pauvre enfant a tant besoin de moi ! rends-moi, rends-moi tout-à-fait ma raison. — Oui, j'espère. Bientôt je ne serai que la plus malheureuse de toutes les créatures...

ALEXIS.

Comme tu es triste ma bonne mère ! O ! tiens ! encore plus qu'à l'ordinaire.

ELIZE.

Non, mon Alexis ; c'est que je ne me porte pas bien... Si ma peine étoit plus vive, pourrois-je te la cacher ?

ALEXIS.

Aujourd'hui tu m'as plus embrassé que de coutume.

ELIZE.

Mon enfant, vois-tu bien quand il n'y a que ma santé

B 2

qui souffre, tes soins me suffisent; mais quand c'est mon ame, j'ai besoin de tes caresses : oui, j'en ai besoin.

A L E X I S.

Viens auprès du tombeau pour te soulager.

E L I Z E.

Me soulager !...Qu'ils sont heureux ceux-là qui pleurent sur un tombeau véritable ! Mais moi ! malheureuse !... il ne me reste pas même une froide cendre, nulle trace funèbre sur laquelle ma pensée désespérante puisse s'arrêter... Jusqu'ici les hommes ne pouvoient que détruire; anéantir n'étoit pas en leur pouvoir.... Eh-bien ! pour mon supplice, les barbares y sont parvenus... Monstres! rendez-moi, rendez-moi... fût-ce un reste glacé de cette moitié de moi-même, que je la serre sur mon cœur, et puis après arrachez-moi la vie.... Alexis, avant que d'écarter les feuilles qui couvrent le tombeau, regarde si personne ne nous voit; tu sais, mon ami, que c'est-là notre secret.

A L E X I S.

J'ai bien regardé; je ne vois personne.

E L I Z E.

Joins tes mains innocentes, mon enfant, (*Alexis se met à genoux ; en joignant les mains, les fleurs dont elles sont remplies tombent naturellement sur le tombeau.*) prie dieu qu'il te conserve... Hélas ! tu n'as plus de père que lui sur la terre.

A L E X I S.

O mon dieu ! conserve ma mère.

ELIZE.

Mon enfant, viens contre mon sein ; tu m'arraches de douces larmes.

ALEXIS.

Maman, veux-tu que j'écrive sur cette pierre le nom de papa ; tiens, regarde comme les deux lettres d'hier sont bien.... Mais, dis-moi, il y a quelque chose qui m'embarrasse ; il s'appeloit Dervil papa, nous l'écrivons ainsi ; pourquoi t'appelles-tu Élize toi ? pourquoi n'as-tu pas le même nom ?

ELIZE.

Pourquoi... pourquoi ? Ah ! je ne sais plus du tout, envain je veux rassembler mes pensées ; elles fuyent, elles se confondent.

ALEXIS.

Bonne mère, dis-moi donc, ce père que nous aimons tant, il est donc là !

ELIZE.

Là ! là !... Non, nous n'avons pas même cette affreuse consolation ; la pensée, ses souvenirs seuls, voilà tout ce qu'il nous reste ; enfin, mon pauvre enfant, rien, rien, même sous cette pierre, rien... Je suffoque, mon cœur se brise.

ALEXIS.

Mais papa, s'il vit, pourquoi n'est-il pas près de nous ? S'il est mort, pourquoi n'est-il pas là ? Ah ! réponds, je t'en prie, je t'en conjure.

ELIZE.

Qu'il est cruel sans s'en douter !.... Ecoute, Alexis ; tu as vu quelquefois dans nos bois ces vautours cruels se jeter sur un oiseau foible et sans défense ....

B 5

A L E X I S.

Ah ! oui; même un jour dans la forêt, Nice et moi nous voulûmes en sauver un ; nous arrivâmes trop tard.

E L I Z E.

Eh bien, mon enfant, que restoit-il de cette victime infortunée?

A L E X I S.

Ah ! d'y penser me fait pleurer, il n'y restoit que du sang sur le gazon, aux branches et sur le feuillage.

E L I Z E.

Pleure, pleure, mon Alexis, ton malheureux père.....

A L E X I S.

Quoi ! mon père, ils l'auroient déchiré. Ah ! tu m'as donc trompé; tu m'as dit qu'il n'y avoit pas de tygres, de bêtes féroces dans ces bois. Fuyons, maman.

E L I Z E.

Assassins... vous l'entendez; cet enfant ne peut croire que vous soyez des hommes.

S C È N E   V I I.

ÉLIZE, ALEXIS, PICARD.

P I C A R D.

Eh-bien, Madame, sont-ce là vos promesses? vous nous aviez tant dit que vous feriez plus d'efforts sur vous-même. Ce tombeau vous fait tant de mal!; rien ne peut vous en arracher.

ELIZE.

Vous pleurez aussi, vous ; votre ame est bonne, vous savez comprendre la souffrance horrible qui déchire et que l'on ne peut peindre... Ils la devinoient ces bourreaux qui font couler tant de larmes.

PICARD.

Soyez complaisante pour nous, quittez ce lieu. Il le faut.

ELIZE.

Tenez, essayez de m'entendre, si je puis m'exprimer : de loin ce tombeau est tout pour moi ; je me dis, c'est le sien, c'est le nôtre ; je mourrai aussi bientôt, nous nous rejoindrons là : en attendant volons sur sa tombe. Alors je m'élance, je me précipite, je pose mes mains, ma bouche, mon cœur sur cette pierre.... Eh bien, elle ne rend rien ; je sens là l'espace, le néant, et je reste seule au monde.

PICARD.

Que vous me faites de peine !

ELIZE.

S'il étoit là, si j'y possédois sa cendre insensible, elle feroit palpiter mon cœur ; je vous dirois : Picard, voilà mon fils, prenez mon fils ; il est à vous, n'est-il pas vrai ? j'y compte : alors j'ouvrirois la tombe, j'y périrois, mais lentement. Vous m'entendez, ce seroit bien lentement, afin de sentir ma mort m'unir à la sienne... Il seroit bien sûr que chaque degré de ma destruction seroit un pas vers une heureuse existence : mais son ombre, sa mort, où est-elle ? nulle part, et tout l'offre à ma vue. Elle arrête mon désespoir, elle me condamne à vivre encore pour ce

malheureux enfant; elle me crie qu'attenter à mes jours
seroit un crime, ce seroit me révolter contre elle : il faut
donc exister malgré moi, Picard; oui, tu le vois bien....
il le faut.

PICARD.

Venez, venez, Madame; laissez-moi vous arracher de
ce lieu qui vous tue.

ÉLIZE.

Oui, je veux bien te suivre; les hommes qui te ressemblent sont si rares; se prêter aux consolations qu'ils
veulent vous donner, c'est là leur récompense... J'ai de
la peine à m'en aller... S'ils venoient ces méchants, ces
hommes qui m'ont tout ravi, je ne fuirois pas; c'est
là que je resterois; c'est ici qu'ils répandroient mon
sang... Quelle douce mort ! le concois-tu ? Ah ! que ce
seroit bien finir tant d'horribles souffrances ! Quelle
jouissance de voir nos ames réunies par les mains de nos
bourreaux, et de rendre un de leurs crimes un acte
d'humanité !

PICARD.

Venez, Madame; je vous emmène malgré vous.

ÉLISE.

Oui, oui, je te suis, bon Picard; mais regarde bien,
c'est là que je mourrai... Ah ! j'y reviendrai .... j'y
reviendrai. (*Picard l'emmène avec Alexis. A l'instant
Landri paroît.*)

SCÈNE VIII.

LANDRI (seul)

C'est elle, je n'en puis douter; son fils, ce tombeau
sur lequel elle pleure.... c'est elle; Picard m'avoit

trompé. Il la conduit, j'ai reconnu sa voix.... Que faire ?
les nouvelles ne sont que trop vraies ; on vient de me les
confirmer : on va nous poursuivre tous. Je ne crains plus
Dervil ; mais ces témoins furieux , vindicatifs déposeront
contre moi.... Les momens sont chers.... Hier encore, ce
matin même j'aurois pu les faire arrêter ; maintenant je
n'en aurois pas le pouvoir ; non, je ne l'aurois pas.....
Fatale découverte ! que résoudre ?

SCENE IX.

LANDRI, MORIN, *Paysan.*

LANDRI.

QUEL est cet homme ? Qui cherches-tu !

MORIN.

Je cherche....

LANDRI.

Dis....

MORIN.

C'est un billet ; mais il faut que je le remette à la
personne , en mains propres.

LANDRI.

A qui ?

MORIN.

C'est que dame.... il ne faut pas qu'on sache....

LANDRI.

Parlons , parlons bas.

MORIN.

C'est par M. Duval que la lettre est écrite à
M. Raymond ; mais motus.

LANDRI.

A Raymond, le maître de cette cabane ?

MORIN.

Chût.

LANDRI.

Tu ne le connois donc pas Raymond ?

MORIN,

Mon dieu non, c'est là ce qui me....

LANDRI.

Je m'en apperçois bien que tu ne le connois pas, car c'est moi.... donne cette lettre.

MORIN.

C'est vous ? vrai ? vrai ?

LANDRI.

Pourquoi veux-tu que je te trompe ?

MORIN.

Ah ! c'est sûr, c'est lui.

LANDRI.

C'est si bien moi, mon ami, que ce billet m'est adressé de....

MORIN.

Du ci-devant château des Morettes ; là, dans la forêt.

LANDRI.

Par M. Du....

MORIN.

Comme vous dites , par M. Duval, ami de M. Dervil.

LANDRI.

(à part.) (haut.)
Duval... Dervil... A présent crois-tu que ce soit moi ?

MORIN.

Pardine! si c'est vous ; vous me croyez donc bien bête?
V'là le billet, lisez.(*Landri lit, et témoigne une
émotion qu'il réprime aussitôt.*) Il vous écrit qu'il est
bien mal, n'est-ce pas, M. Duval?

LANDRI.

Oui, oui, qu'il est....

MORIN.

O mon dieu! bien mal! Il ne m'a dépêché si vite
que parce qu'il sentoit son état ; et s'il n'y a point du
mieux, c'est comme s'il vous avoit mandé qu'il étoit
mort.

LANDRI.

Allons, va, pars, retourne.

MORIN.

Oh que non.... il me faut une réponse ; on m'a bien
recommandé de ne pas revenir sans cela....

LANDRI.

Mais moi, je te dis de ne pas l'attendre et de t'en
aller. Tu ne sais pas le danger que tu cours?

MORIN.

Oh! que ci que je le sais On m'a bien dit de me
méfier de tous ces comiteux de terreur, de nos espioneux,
si j'en rencontrois, de ce Landri sur-tout ; c'est un si
méchant homme.

LANDRI.

Si méchant, que si tu disois un mot de cette lettre,
il pourroit bien te faire arrêter.

M O R I N.

Bon ! la chose ne resteroit-elle pas entre vous et moi?
Je nierois comme un diable : mais pour la réponse il
me la faut.

L A N D R I.

Comment m'en débarrasser ? Eloigne-toi ; dans un
moment je te la donnerai.... il ne faut pas que l'on nous
voie ensemble.

M O R I N.

J'entends , suffit ; allez ; je suis fin moi, sans que ça
paroisse ; je vais m'asseoir là bas sous ces arbres , car
je suis las.

L A N D R I   *sur le devant du théâtre.*

Une lettre à Raymond de l'homme qui a amené la
femme de Dervil !... Relisons ; j'ai été troublé malgré
moi devant cet imbécille.... « Mon cher Raymond , je
» me meure ; je n'ai que le tems de vous avertir que
» sous la pierre du tombeau est caché le trésor de la
» femme de Dervil.... (*Landri s'arrête et regarde le*
» *tombeau.*) Je n'ai pu le lui découvrir , parce que
» dans le moment de terreur , je craignois qu'elle ne se..
» trahît elle-même , et que tout ne fût perdu....
» Sachez de plus.... »

La lettre n'est pas finie ; il n'a pas eu le tems de la
terminer. Quelle découverte ! c'est à mon étoile à qui
je la dois.... Mais ce trésor ! ce trésor ! comment me
l'approprier ?... Seul , je ne puis ; il est affreux de mettre
quelqu'un dans cette confidence.... Ah ! que tout cela
est embarrassant ! On vient ; allons réfléchir aux moyens
qui me reste à prendre. (*à Morin.*) Attends-moi , je
vais t'apporter la réponse.

MORIN.

Ah ! bien oui, vous attendre ; je ne vous quitte pas....
je sais ce que c'est qu'une commission , peut-être.... On
m'a dit : ne le quitte pas qu'il ne t'ait donné....

LANDRI.

Quand je te dis de rester ici....

MORIN.

Ah! mon dieu! c'est comme si vous ne d'*a rien....

LANDRI.

Obéis....

MORIN; *il suit toujours Landri.*

Tiens, cet autre...

LANDRI *le repoussant brusquement et sortant.*

Eh ! morbleu, laisse moi, ou je t'assomme.

SCÈNE X.

MORIN *seul.*

CHIEN ! qu'eux luron ! il n'y fait pas bon. Avec tout
cela le v'là parti.! Ah! il va revenir. — Ça il faut
convenir, sans le vanter, qu'il a l'air bien méchant. Il
disoit, M. Duval, que ce Raymond étoit un si bon
homme.... chien! qu'eu bonté ! — Le sûr, c'est qu'à
présent je ne sais pas si je crains plus qui vienne, ou
qui ne vienne pas.... Sans cette maudite réponse qui me
faut... je décamperois. Si je pouvois l'avoir sans lui....
Ah! je serois bien content.... (*Picard paroît et regarde
Morin.*) Qu'est-ce celui-ci à présent? comme il me
regarde.... N'est-ce pas quelqu'envoyé de l'autre ? —
N'ayons pas l'air d'être moi , et pour cause...

SCÈNE XI.

PICARD, MORIN.

PICARD.

QUEL est cet homme ? Que veut-il ? Ici la moindre chose m'inquiète pour Élize. Cherches-tu quelqu'un, mon ami ?

MORIN *à part.*

Des questions ! c'est sûr que c'est un envoyeux de l'autre... En apportant la réponse, il veut me faire jaser... mais je me tiens.... Vous quittez M. Raymond, n'est-ce pas ? Accrochons la réponse et sauvons nous.

PICARD.

Il y a déjà long-tems qu'il est parti d'ici.

MORIN.

Long-tems.... le menteur.....Je viens de lui remettre une lettre.

PICARD.

Une lettre?... Vous le connoissez donc Raymond ?

MORIN.

Dirai-je oui?... Qu'est-ce que ça vous fait ?

PICARD.

Mais tu dis que tu lui as remis une lettre....

MORIN.

J'ai dit ça, moi!.... Ça n'est pas vrai...

PICARD.

A l'instant tu viens de me le dire.

MORIN.

Chien de moi ; je ne crois que penser, et je parle. Ah !
ça, vous êtes bien sûr que je vous l'ai dit ; d'après cela,
je ne cours aucun risque de vous dire le reste... et vous
me tirerez d'embarras.

PICARD.

Eh ! mon dieu, aucun risque, je t'assure ; au contraire,
peut-être pourrai-je t'être utile.

MORIN.

Ah ! celui-là, c'est différent ; il est poli au moins...
Je vous dirai donc que je viens de remettre une lettre,
là, ici, là, à un homme qui m'a dit qu'il s'appeloit
Raymond.

PICARD.

Je te répète que cela ne se peut pas , parce que
Raymond est aux bois ; qu'il n'en revient que ce soir.

MORIN.

Quelle chienne d'obstination ! Je vous dis que c'est
moi qui ai remis la lettre....

PICARD.

Ne disputons pas ; dis-moi : est-elle importante cette
lettre ?

MORIN.

Ah ! bien pardine, je m'en vante qu'elle l'est....
Mais quand je vous dirois qu'il s'agit d'un homme mort,
d'un autre qui ne l'est plus , vous n'en sauriez pas
davantage.

PICARD.

Comment un homme mort !... un autre qui ne l'est

plus... que tout cela est inquiétant, mon ami!.... Je sais
où est Raymond.... Ecoutez, c'est qu'il est si important
de savoir si c'est bien à lui que vous avez remis la lettre ;
attendez-moi.... en grace.... n'est-il pas vrai que vous
me le promettez ? Je reviens dans l'instant avec Raymond ;
vous m'attendrez, n'est-ce pas ?

MORIN.

Oui, oui, allez. Ils ont tous l'air fous....

PICARD.

Ah ! que je crains quelque méprise ! (*Il sort.*)

SCÈNE XII.

MORIN *seul.*

Ah bien ! me voilà joli garçon, si je me suis trompé ;
ou que cet enjoleux, pour mieux dire, m'ait attrapé....
Ce qui me console, c'est qu'il ne sait que la moitié....
Mais soyons juste, si je n'y ai pas tout conté, c'est qui
m'a fait peur...., sans cela, y sauroit tout ce que Duval
ma dit quand il n'a pas pu finir la lettre ; je ne le dirai
qu'au véritable Raymond, s'il y en a un ;... et il y en a
sûrement un : n'y a point de nom sans personne...
(*Elize paroît et sort de la cabane.*) Bon, v'là une
dame qui sort de la cabane. C'est heureux ça, je
pourrai être au fait... et lui qui court là bas inutilement ;
je vais en savoir plus que lui.

SCÈNE XIII.

SCÈNE XIII.

ELIZE, MORIN.

MORIN.

Puisque vous venez de cette cabane, Madame, vous pouvez bien me dire, sans vous déranger, si vous connoissez Raymond, le garde-bois? Est-ce que c'est un brutal qui vous rudoye son monde?

ELIZE.

Brusque, lui! ah! bien au contraire, jamais on eût plus de douceur, d'humanité : qui le sait mieux que moi?

MORIN.

Qui diable donc ai-je pris pour lui?... Il y a de quoi le fâcher, ce bon Raymond; n'est-il pas vrai, Madame?...

ELIZE.

Et de quoi donc se fâcheroit-il ?

MORIN.

Et pardieu ! de cette lettre qui étoit pour lui, que j'ai donné à l'autre!.... C'est que vous ne savez pas ?

ELIZE.

Non, je ne sais rien, je ne retiens rien; tout s'efface de ma mémoire, excepté le plus horrible des malheurs...

MORIN.

C'est que, voyez-vous, monsieur Duval avoit écrit à Raymond.

ELISE *sortant de sa rêverie.*

Duval!... Comment ? Que dites-vous ? Répétez, répétez; songez bien à ce que vous dites ?... Duval?...

C

M O R I N.

Oui, oui, M. Duval qui a une maison là, dans la vallée et dont je suis le jardinier ; Allez, nous l'aimions bien, et nous le regrettons tous.

E L I Z E.

Quoi ? Parlez ?.... Non, arrêtez : Duval, eh bien ?

M O R I N.

Nous venons de le perdre....

E L I S E.

Ciel ! le seul appui, la seule ressource qui restoit au monde à mon enfant ! — Ciel ! dans ce tems de crimes ! le destin ne devoit-il pas suspendre les morts naturelles ? les assassins détruisent avec tant de suite et de rapidité !

M O R I N.

Ah ! que c'étoit un bon homme que ce M. Duval ! Tenez, ils disent comme ça que c'est lui qui a sauvé son ami M. Dervil....

E L I Z E.

Ah ! ah ! ce que j'ai cru entendre là... ne se peut exprimer !

M O R I N.

Qu'a-t-elle donc ? elle est malade... Je disois donc que mon bon maître a sauvé Dervil.

E L I Z E, *Elle pose la main sur son cœur.*

Une seconde fois l'entendre encore, et le coup là ; toujours là ! Suis-je à moi ? veillai-je ? Mon ami, tu as l'air bon, humain ; prends-garde, rappelle-toi avant de redire... Tu ne sais pas l'importance, la profondeur de l'abyme; ron. Ah! par pitié, pas plus long-tems souffrir, je ne peux plus; — c'est au-dessus des forces. J'écoute, j'attends...

MORIN.

Mais je ne vous entends pas moi; je dis ce qui est, que Dervil...

ELIZE.

Dervil.... Eh bien? un moment; il faut pouvoir soutenir, c'est un tressaillement.... Dervil?...

MORIN.

Oui, Dervil, qu'on avoit cru mort, a été sauvé par mon maître.

ELIZE.

Sauvé!

MORIN.

Oui, sauvé par M. Duval qui l'a dit en mourant. Il m'envoye pour cela...

ELIZE.

Juste dieux! (*elle tombe sur ses genoux.*) je me meurs! (*Elle tombe étendue sur le théâtre, sans connoissance.*)

MORIN.

Eh bien, eh bien! qu'est-ce que c'est donc que cela? Au secours, au secours! que vais-je faire, moi?

SCÈNE XIV.

NICE, PICARD, RAYMOND, MORIN, ELIZE.

MORIN.

Tenez, venez donc, venez tous deux, voyez comme la voilà.

PICARD.

Ciel! que lui est-il arrivé?...

C a

*(Ils relèvent Elize et la portent au pied d'un arbre ;
Nice la soigne.)*

RAYMOND.

Qu'est-ce qui a causé ce funeste accident?.... Nice ,
Nice, secoure-la....

MORIN.

Le sais-je, moi?... Elle a l'air si bonne , si honnête... et
puis moi, quoique discret, je dis un peu tout, sans le
vouloir ; je lui ai raconté la commission dont on m'avoit
chargé. Dites , vous qui êtes raisonnable, ça devoit-y lui
faire tant d'effet, de savoir que Dervil n'est pas mort?...

PICARD *vivement.*

Dervil n'est pas mort! O mon dieu ! est-il possible?
Dervil !

MORIN *reculant de peur.*

Eh bien , v'là l'autre à présent!

RAYMOND.

Quoi! Dervil.... qui te l'a dit?

MORIN.

Qui me la dit? eh pardine! M. Duval qui m'avoit
chargé de cette lettre pour Raymond.

PICARD.

Et le voilà Raymond ; vois ta méprise.

MORIN.

Ah ! que je suis content ! le voilà donc trouvé?... je
savois bien qu'il y en avoit un.

RAYMOND.

Avant tout, mon ami, par grace , des détails sûrs...
songe qu'une fausse espérance ; parle....

MORIN.

*(Pendant ce morceau, Picard et Raymond vont sans
cesse à Elize, puis reviennent écouter Morin.)*

Ah! je ne demande pas mieux que de tout dire à
présent. M. Duval étoit malade, dans un lieu ici près,
où il s'étoit mis en sûreté, parce que, depuis quelque
tems, nos comiteux de terreur le poursuivoient aussi... Ce
lieu n'est pas bien loin d'ici; se sentant mourir, il m'a
envoyé chercher, comme ayant confiance en moi, pour
les commissions: *va, me dit-il, porter cette lettre à un
garde-bois, nommé Raymond, qui a une cabane
dans la forêt, au côteau des taillis; j'ai trouvé ça tout
de suite.* En disant cela, il a voulu finir cette lettre; il
n'a pas pu... alors il m'a dit: (je l'entends encore,
d'une voix foible.) *je ne peux plus écrire. Tu diras à
Raymond que Dervil est sauvé, que je l'ai caché dans
un endroit où je l'ai nourri. Il faut y courir, lui porter
des provisions. Il est...* à ces mots, il est resté dans nos
bras!...

PICARD.

Dieu! quel malheur! Que faire? La lettre, la lettre!
quelle perte!

RAYMOND.

Il ne s'agit pas de se plaindre; il faut agir.

ELIZE *se levant et marchant avec égarement.*

Il est sauvé! n'est-ce pas qu'il est sauvé? J'en étois
bien sûre, moi, que je l'avois entendu. Ce bon, ce
digne homme; il est venu tout de suite le dire, dès qu'il
l'a su. — Raymond, comme nous avons pleuré! Eh bien
à présent, tout est oublié! — Mais est-il de bonheur

C 3

pareil.... là le moment de le serrer contre mon cœur !....
le conçois-tu ?

RAYMOND.

Elle me fait un mal !...

ÉLIZE.

Et ces scélérats; leur fureur, leur rage, de voir une
victime s'échapper ! Tigres ! c'est une seule, une seule,
qu'on vous enlève, sur cent mille.... — Eh bien non, ils
la rechercheront, ils la demanderont encore? —Monstres,
en faut-il encore une à la place? soyez contents, moi,
moi, j'en servirai; je mourrai de plaisir.

RAYMOND.

Nice, emmène-là ?

ÉLIZE.

Oui, oui, partons, les momens sont si précieux; il
faut voler à lui !

NICE.

Venez, Madame, la nuit s'approche.

ÉLIZE.

Ah! qu'importe la nuit!... elle ne l'arrêtera pas lui !...
Raymond... Dervil vient peut-être; il seroit si affreux de
ne pas le rencontrer !...Vous resterez au tombeau, oui, au
tombeau; vous m'avertirez bien vîte !.... Vous, Picard,
par le chemin du taillis, il peut venir; oui, il peut venir
par là !... Pour le bon paysan, il sera mon guide. —
Viens, Nice; je suis dans une ivresse, dans un trans-
port ! mon cœur.... mon ame; des pleurs, de la joie....
tout, tout est confondu!... Viens, Nice, je suis hors de
moi !.

NICE *montrant la cabane.*

Par-là.... Venez?

ELIZE.

Oui, à la cabane d'abord, chercher Alexis....

SCÈNE XV.

(*La nuit arrive par degré.*)

RAYMOMD, PICARD, MORIN.

RAYMOND.

Ah! là voilà partie!.... Mon ami, je ne te fais pas de reproches, tu es aussi fâché que moi de ta méprise qui peut avoir des suites si cruelles... Dis-nous, peux-tu dépeindre celui que tu as pris pour moi, à qui tu as remis la lettre?

MORIN.

Il est de taille moyenne ; il étoit là : il observoit ; il avoit l'air inquiet. Ah! je m'en souviens, qu'il ma dit, avec des yeux bien méchants.... quand je refusois de lui donner l'écrit, qu'on me feroit peut-être arrêter.

PICARD.

C'est Landri...

RAYMOND.

C'est lui... l'infâme! poursuivons-le...

PICARD.

Où le trouver? il va se porter à des violences... peut-être il sait par la lettre l'asile de Dervil...Cela fait frissonner.

MORIN.

Ah! bien oui des violences...Quand je suis parti du village, les ordres, à ce qu'on dit, étoient venus pour

C 4

les camper dans les cages qu'ils avoient faits pour les autres....

RAYMOND.

Dis vite, mon ami, ce lieu que Duval habitoit, est-il loin d'ici ?

MORIN.

Non, vous dis-je ; là, tout près dans la forêt, sur la gauche.

RAYMOND.

Quoi ! à ce vieux château abandonné, à ces tours ruinées...

MORIN.

Justement ; exprès pour qu'on ne le devine pas là ! Ah ! s'il n'avoit pas été malade, il auroit pu vous voir à tout moment... c'est peut-être là qu'est la cachette.

PICARD.

Le voyoit-on aller seul dans quelqu'endroit qui pourroit indiquer....

MORIN.

Oui, souvent il emportoit des provisions dans un panier ; il disoit que c'étoit pour son dîner... Il regardoit bien si on ne le voyoit pas ; il me semble qu'il venoit de ce côté ci.

RAYMOND.

Allons, je cours à ce vieux château ; toi, Picard, avec Morin, sur les traces de Landri.... Hâtons-nous, les moments sont chers....

PICARD.

Oui, oui, bien chers. — Viens, mon ami.... O ciel ! protège nos recherches !

(*La nuit obscurcit le théâtre en entier.*)
(*Ils sortent; Raymond d'un côté, Picard et Morin
de l'autre. Apeine ils sont disparu, on apperçoit
Landri qui paroît d'abord seul, une lanterne sourde
à la main; une seconde après, ses deux complices la
suivent armés d'un levier de fer.*

SCÈNE XVI.

LANDRI, *deux de ses complices.* ROGER, DENIS.

LANDRI.

Avançons sans crainte, il n'y a plus personne... je ne
vois pas de lumière dans la cabane, tout dort. — Mes
amis, dans les grands dangers, les grands partis sont
nécessaires. Nous sommes perdus sans ressources ; il ne
faut pas nous le dissimuler. La terreur est détruite, nos
ennemis ont l'avantage ; l'ordre de nous arrêter peut
arriver d'un moment à l'autre. Allons, mettons-nous à
l'ouvrage ; c'est là le tombeau dont la lettre parle, et
qu'ils ont enfoui le trésor qu'ils nous faut enlever.

ROGER.

Et nous le partager.

LANDRI.

Nous voilà dans des bois immenses ; je les connois,
ils communiquent à d'autres ; c'est le sort qui veut nous
sauver !...

DENIS

Sais-tu que j'ai quelques remords. Je ne suis pas si
accoutumé au crime que toi...

LANDRI.

Tout autant; seulement, vous avez moins de caractère.

ROGER.

Mais j'ai aussi là quelque chose qui m'arrête, si nous
nous livrons au repentir : je crains la providence ; elle
finira par nous punir.

LANDRI.

La providence ! la providence ! tais-toi donc ; vois, au
moment de périr, elle m'envoye un trésor... Allons,
morbleu, suivons notre plan, ou tous deux craignez
ce dont je suis capable.

ROGER.

Il a raison, allons donc ; suivons notre destinée.

LANDRI.

C'est la pierre, la pierre qu'il faut lever.

(*Ils travaillent à la pierre avec leurs léviers.*)

DENIS.

Diable ! elle tient bien !

ROGER.

Oui ; mais cependant elle remue.

LANDRI.

Courage, courage, et sur-tout point de bruit ; le tems
s'écoule, et nous n'avançons pas.

ROGER.

La voilà levée la pierre... Ah ! ah ! un escalier....
descendrons-nous ?

LANDRI.

Sûrement ; tant mieux si c'est un souterrain, le trésor
en sera plus considérable.

DENIS.

Ma foi, je n'ose pas descendre.

ROGER.

Ni moi... Ah! j'apperçois une porte. C'est le diable à
ouvrir, et j'ai peur.

LANDRY.

Poltrons! suivez-moi. (*Il descend.*)

———————

SCÈNE XVII.

LES PRECEDENS, ELIZE, ALEXIS.

(*Il la tient par la main; elle ne voit pas les scélérats
qui sont dans l'escalier.*)

ELIZE.

Eh-bien! sur qui compter à présent? Ils m'ont trompé,
eux, mes amis; ils ne me menoient pas chercher Dervil;
personne ne peut le trouver comme moi! Nice dort;
j'ai profité de ce moment... Dormir! dormir!... conçoit-
on qu'on dorme dans un pareil moment? Ah! c'est que
les cœurs les plus sensibles sont si froids, si calmes en
comparaison de cette moitié d'une qui attend, qui meurt,
qui sèche sans l'autre!

ALEXIS.

Maman, n'as-tu pas peur? La nuit est bien noire, et
puis ordinairement nous dormons à cette heure-ci?

ELIZE *l'assoit au pied d'un arbre.*

Eh bien! avant de nous mettre en route, repose-toi un
moment au pied de cet arbre. (*Alexis s'endort, sa mère
s'éloigne de lui.*) Pourquoi donc une pente naturelle me
porte-t-elle toujours vers ce tombeau? Je devrois être
heureuse, et je ne sens pas le bonheur en moi-même....
O mon dieu! j'ai besoin de te prier, donne du calme à

mon ame déchirée... Mais qu'ai-je donc à te demander ?
Tu le sais mieux que moi... tout me manque encore...
Qu'est-ce donc, hélas !... Ciel ! mon fils !... où est-il ?
Dans l'ombre de la nuit ai-je pu l'abandonner ? (*Elle
parcourt le théâtre , et arrive devant Alexis.*) Ah ! le
voilà !... mon égarement est au comble ; moi-même je
l'avois placé au pied de cet arbre... Innocente créature...
Comme il dort ! Eh-bien ! me voilà auprès de lui, et je
n'en ai pas plus de calme... Quel état ! Mais je suis sortie
de chez Raymond... par un mouvement secret, violent,
involontaire... et pourquoi ?... Ciel ! c'étoit pour chercher
Dervil... et où aller ? je n'en sais rien ; l'affreuse vérité
renaît : où est-il ? où le chercher ? Ma pensée est
errante . . . . . l'horrible incertitude , voilà tout ce qui
reste pour guide à mes pas, à mes regards . . . . (*Elle
parcourt le théâtre , et s'approche du tombeau. Un des
compagnons de Landri paroît au haut de l'escalier ,
en ayant l'air de chercher le lévier.*) Ah ! je frissonne....
Si je m'en rapportois à mes regards , je croirois voir dans
ce moment , des profanes , des barbares , qui osent
souiller de leurs mains criminelles, ce tombeau si sacré ,
où j'ai répandu tant de larmes... Jusqu'où se porte la
force de l'imagination ! Plus je regarde , et plus mon
illusion s'accroît ; je crois même entendre . . . .

L A N D R I dans l'escalier.

Tout-à-l'heure la porte est ouverte ; le lévier, le
lévier. (*On entend du bruit de verroux , et la porte
s'ouvrir.*) Enfin la voilà.

E L I Z E.

Approchons , écoutons.

UNE VOIX DANS LE TOMBEAU.

L'on vient à mon secours.

LANDRI *remontant l'escalier avec précipitation.*

Dieux ! qu'ai-je entendu ? malgré moi, cette voix a glacé tout mon sang.

DERVIL *s'élançant du tombeau les bras ouverts, et poursuivant Landri.*

Ah ! qui que vous soyez, ne vous refusez pas à ma reconnoissance.

LANDRI *sur le devant du théâtre, approchant avec crainte sa lanterne du visage de Dervil.*

Dieux ! dieux ! que vois-je ? Dervil ! Dervil ! O surprise ! ô rage !

DERVIL.

Ciel ! Landri !.... Landri ! mon délateur, mon bourreau !

ELIZE *se jetant dans les bras de Dervil.*

O bonheur ! Dervil ! mon époux, mon bien si cher ! O justice suprême ! je te reconnois....

DERVIL.

Où suis-je ? Quoi ! ma femme ? ma femme, mon enfant, dans mes bras !

LANDRI.

Mes amis, ce sont des proscrits ; ils le sont par la loi ; ils se cachoient, il faut qu'ils périssent.

DERVIL *terrassant Roger, et lui arrachant son levier de fer.*

Monstres ! quand un honnête homme n'est pas enchaîné, croyez-vous qu'il puisse vous craindre?

LANDRI.

Vaine résistance, vous périrez, et jusqu'à cet enfant.

ÉLIZE *saisissant son fils.*

Tigre féroce! altéré de sang ; c'est une mère que tu crois effrayer ! une mère ! approche si tu l'oses, vois mes yeux enflammés, ils te dévorent ! vois ces foibles mains contre toi ; elles sont de fer.

DERVIL.

Plutôt cent fois ma vie !

ÉLIZE.

Ne crains rien ; ces vils scélérats ne sont forts que de la foiblesse de l'innocence : a-t-elle de l'énergie, ils rentrent dans la poussière. —Vois, vois-les pâlir ?...

SCÈNE DERNIÈRE.

LES PRÉCÉDENS, PICARD, MORIN, RAYMOND, UN OFFICIER, DES SOLDATS.

RAYMOND *à l'Officier.*

Le voilà Monsieur, ce Landri, ce délateur infâme, le voilà ; on nous avoit bien enseigné sa route.

DERVIL.

Oui, le voilà ; ce scélérat osoit encore menacer nos jours, après les avoir proscrits.

PICARD *se jetant au col de Dervil.*

Oh ! Dervil ! ô mon maître ! mon bienfaiteur chéri !....

RAYMOND.

Quoi ! vous, vous Dervil... par quel hasard ? par quel bonheur ?... enfin vous voilà, c'est tout ce qu'il nous faut... Embrassez, embrassez Picard ; il mérite, celui-là, d'être votre ami ; vous aviez réuni près de vous tout ce qui honore et ce qui dégrade l'humanité.

DERVIL.

Rien ne m'étonne de son cœur.

DENIS.

Mais on nous doit de l'avoir sauvé...

LANDRI.

Tais-toi.... moi, je ne m'excuse pas ; dans la lettre qu'on m'a remise, on annonçoit un un trésor, j'ai voulu l'enlever, et malgré moi, je lui ai sauvé la vie.

L'OFFICIER.

Soldats, emmenez-les ? ils font horreur à voir ; les ordres sont arrivés, et la justice les attend.

(*On emmène Landri et ses complices.*)

PICARD *à Landri.*

Infâme ! je te l'avois prédi !

ALEXIS.

Te voilà donc, papa ; les tigres ne t'avoient pas dévoré.

DERVIL *l'embrasse.*

Cher enfant !

ELIZE.

Oui, c'est lui, dans nos bras, et pour toujours... Mon ami, mais par quel miracle?...

DERVIL.

Epargnez-moi, ma tendre amie, les détails affreux de ce massacre d'où je fus sauvé par le courage de Duval... ils empoisonneroient des momens si doux... Cet ami si rare me fit transporter chez lui, percé de coups. Peu de tems après, poursuivi, proscri à son tour, il me cacha dans ce souterrain dont l'entrée donne près d'un vieux château où lui-même, se mit à l'abri des recherches. Rien n'égale les soins de cet ami rare ; sa main seule me nourrissoit ; il y a trois jours qu'il m'apporta plus de provisions que de coutume : à peine pouvoit-il se soutenir ; une fièvre brûlante le dévoroit. *Je ne pourrai peut-être pas venir demain*, me dit-il, en me quittant, en me serrant la main... je ne l'ai pas revu : il est sans doute bien malade... courons chez lui ! La reconnoissance, cette vertu si naturelle, si violée dans un tems d'horreur, est bien nécessaire à une ame sensible... partons...

PICARD.

Hélas ! vous voyez nos larmes !

MORIN.

Mon bon maître   je le regretterai toujours !

DERVIL.

Ah ! ne m'en dites pas davantage ; ces deux jours sans le voir, ne m'en avoient que trop appris ! Mon ame se déchire... Il n'est pas de bonheur parfait, mes amis ; il semble que le sort ait voulu mêler cette amertume cruelle à l'excès de ma félicité.

RAYMOND.

Oui, oui, pleurez, et ne murmurez pas. Le ciel a trop fait pour vous ; il vous donne à-la-fois, la vie, une femme adorée, que le bonheur va rendre à la raison. Il récompense l'excellent Picard ; il punit l'infâme Landri...

ÉLIZE.

A qui je dois ce que j'ai de plus cher au monde. Ce n'est pas la première fois que la providence se sert du crime pour sauver l'innocence.

FIN.

De l'Imprimerie de la rue du Bacq, n.º 610, la 2.e porte à gauche en descendant le ci-devant pont royal.